le b.a.ba des nœuds MARINS

Texte : Patrick Moreau
Illustrations : Jean-Benoît Héron

Glénat

sommaire

Les nœuds d'arrêt

Les nœuds d'arrêt servent, comme leur nom l'indique, à fermer l'extrémité d'un cordage.

Les nœuds d'amarrage

Indispensables pour qu'un bateau soit tout simplement tenu, les nœuds d'amarrage doivent être simples. Surtout, on doit pouvoir les dénouer sans problème, quelle que soit la tension.

Les nœuds de liure

Ces nouages servent à amarrer non pas un bateau, mais une manœuvre – telle une glène de cordage lovée – ou un objet – telle une défense ou toute sorte d'équipement.

Les œils ou boucles fermées

Ce sont des boucles qu'on partage généralement en deux familles :

1) Les œils coulissants qui viennent se serrer sur le support sur lequel on les a noués.

2) Les œils non coulissants que les marins utilisent plus volontiers car ils sont nettement plus faciles à dénouer. Il en existe une grande variété.

Les œils ou boucles en milieu de cordage

Ils permettent de disposer d'un point d'amarrage au milieu d'un cordage même si l'on n'a pas accès aux extrémités, tout en respectant l'intégrité du cordage concernant les sens de traction.

Les nœuds d'ajut

Faire un ajut, c'est relier deux cordages l'un à l'autre. Le plus commun sert à lier les deux lacets d'une chaussure au moyen d'un nœud plat dont on aura gansé les extrémités pour pouvoir les dénouer instantanément.

Les nœuds à traction longitudinale

On a souvent besoin à bord d'effectuer une traction le long d'un cordage ou même d'une chaîne. Le cas le plus fréquent arrive lorsqu'une écoute a surpatté sur la poupée du winsch. Traditionnellement, on noue un nœud de bosse, mais il existe une alternative très efficace et surtout beaucoup plus facile à dénouer...

Les surliures

Pour empêcher que l'extrémité d'un cordage ne s'effiloche, on peut la souder, mais comme l'âme et la gaine sont de natures différentes, elles finissent très vite par se désolidariser l'une de l'autre. La solution la plus efficace, c'est bien sûr de gainer cette extrémité en faisant en sorte que les brins du fil à surlier soient le plus serré possible.

Les nœuds symboliques

Pour finir, voici deux nouages qui se complètent. Leur utilité n'est pas évidente, car leur intérêt est ailleurs. Ils sont tout simplement très élégants et les marins ont voulu donner une signification à leurs entrelacs.

introduction

L'art des nœuds représente une forme de géométrie dans l'espace qui est le fruit d'une construction rigoureuse, car elle s'appuie sur des principes logiques et surtout cohérents. Faire l'apprentissage de cet art en ne s'aidant que de sa seule mémoire serait vraiment dommage. À moins de les refaire régulièrement, les nœuds s'oublient très vite. D'où l'intérêt pour les mémoriser plus facilement de bien comprendre comment ils s'articulent et se fabriquent.

Pour les construire, nous allons utiliser un langage spécifique dont voici les éléments de base.

En toute logique, tout commence par un premier geste des mains. Les droitiers représentant la grande majorité, nous décidons que la main gauche sera la main qui tient et la main droite, celle qui fait. Les gauchers seront dans l'obligation d'inverser les indications. Le nœud sera donc réalisé sur la main gauche. En deçà se trouve le dormant, généralement la partie la plus longue qui, comme son nom l'indique, n'agit pas. Au-delà, saisi par la main droite, vient le courant qui confectionnera le nœud.

Dès lors, le bon geste de départ qu'on va mettre en œuvre pour la plupart des nœuds devra être simple, souple et suivre la courbe naturelle, c'est-à-dire tourner dans le sens des aiguilles d'une montre.

Si l'on conduit ainsi le cordage vers la droite, il prendra la forme d'une courbe et finira son trajet en passant sur lui-même lors du premier croisement.

En procédant de cette façon et sachant que tous les nœuds simples commencent par ce premier geste, l'apprentissage devient plus facile...
Le plus simple a donc été de conduire le courant par-dessus la partie du cordage de départ. À ce stade, il convient de préciser les principes de base qui vont permettre d'organiser la conduite du cordage pour nouer d'une façon logique et cohérente.
Dès que l'on crée un croisement, on met automatiquement en place quatre éléments qui partent du centre du croisement.

Chaque élément sera interprété de deux façons possibles :
– soit en phase, uniquement pour préparer un tressage futur concernant un nouage complexe ;

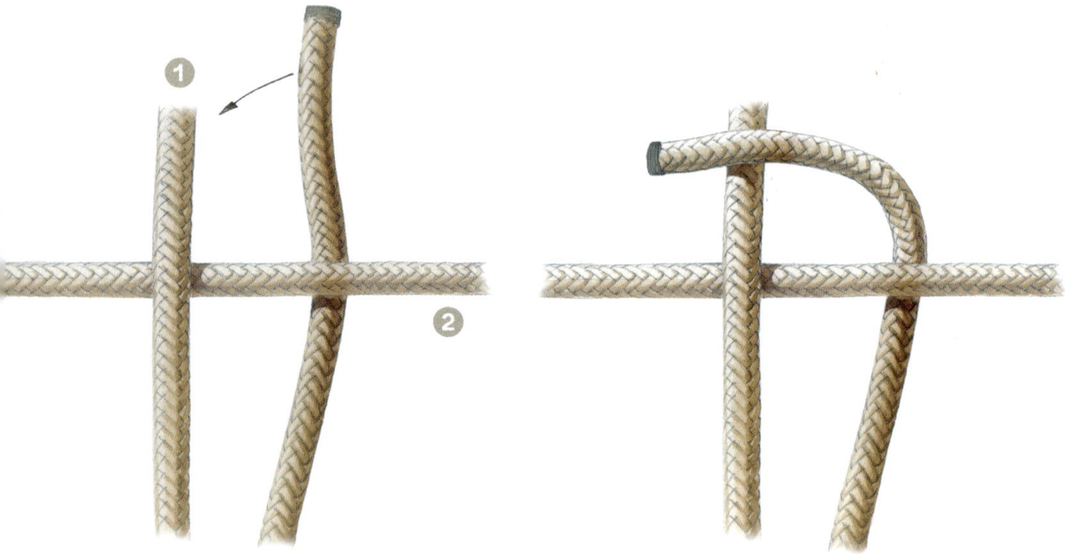

– soit en opposition par rapport au centre, ce qui concerne les nœuds à nouer en direct, c'est-à-dire ceux qui nous intéressent au premier chef. Le courant est conduit sous l'élément 2 et sur l'élément 1.

Ainsi s'applique en toute logique le principe du dessus, dessous en alternance.

Le demi-nœud ou nœud simple

C'est le plus simple, le plus évident, celui que tout le monde connaît.

C'est le plus simple, le plus évident, celui que tout le monde connaît.

On revient au premier geste de départ.
Il suffit d'exploiter la boucle que l'on vient de créer en suivant cette logique : dessus, dessous, dessus...

On vient de réaliser un demi-nœud ou nœud simple qui va inaugurer la première famille de nouages, celle des nœuds d'arrêt.

nœud en huit

On préférera au demi-nœud le nœud en huit, couramment employé pour empêcher qu'une écoute ne s'échappe d'un filoir ou d'une poulie. Même après un travail intense, ce nœud pourra toujours être défait. C'est la raison pour laquelle il s'agit du nœud de base des marins pour arrêter un cordage.

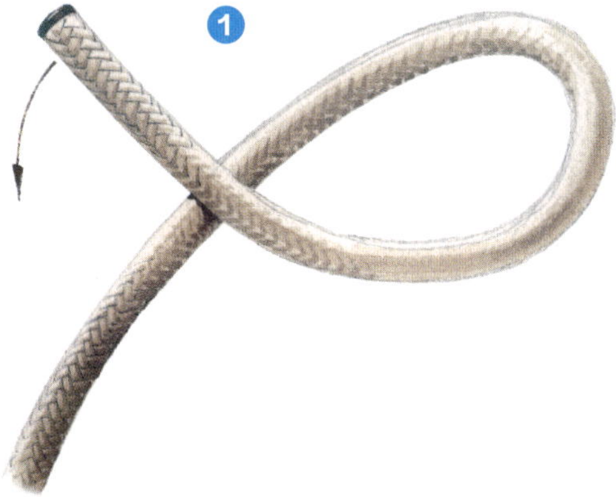

1 - La construction de départ est toujours la même.

2 - Mais au lieu de revenir tout de suite dans la boucle on conduira le courant d'abord sous le dormant...

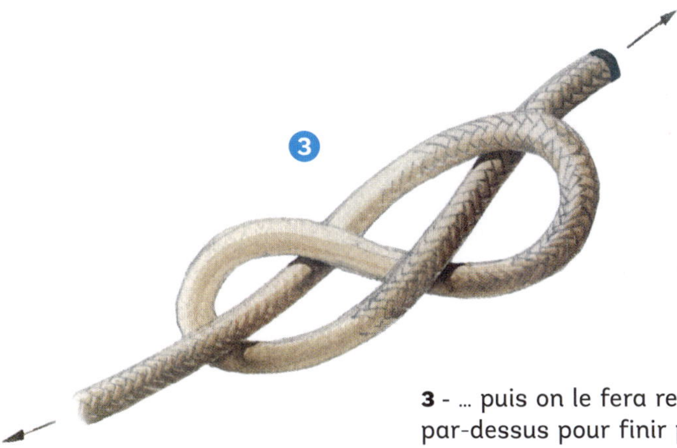

3 - ... puis on le fera revenir dans la boucle par-dessus pour finir par-dessous.

nœud capucin

Si l'on a besoin d'un arrêt qui puisse servir de poignée, on nouera par exemple le nœud capucin à plusieurs spires. Injustement peu connu, ce nœud délicat à réaliser est extrêmement utile à bord.

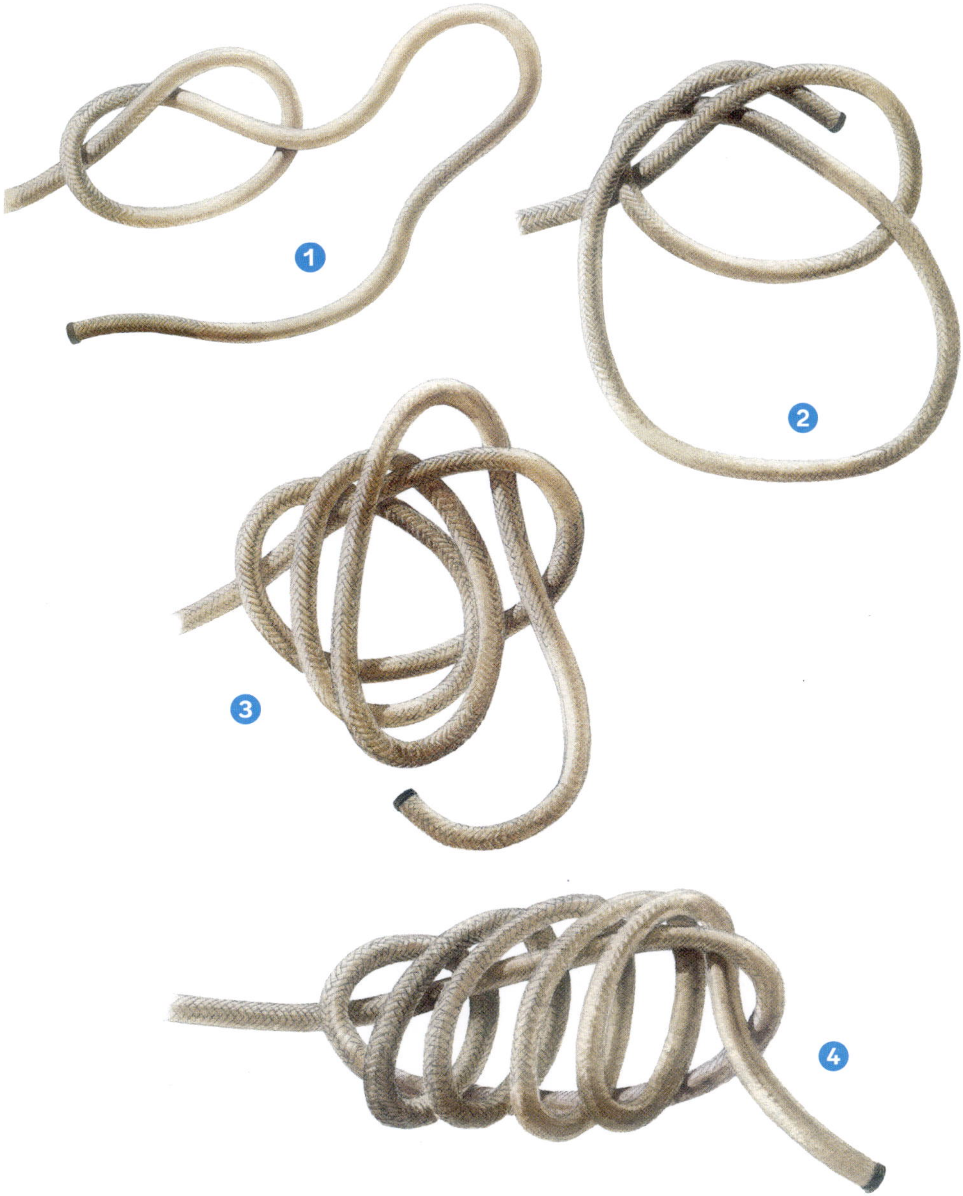

1, 2, 3 et 4 - On commence par un premier demi-nœud de base qu'on va doubler, tripler, quadrupler, etc.

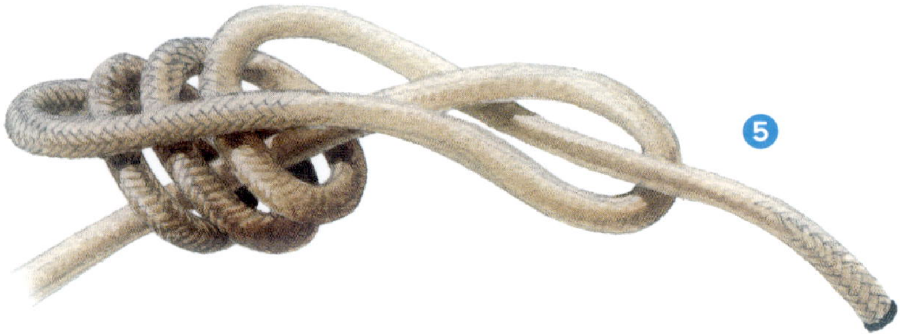

5 et 6 - À ce stade, on procède à un préserrage en tirant doucement sur les deux extrémités jusqu'à obtenir cette construction qui fait apparaître nettement la longue ganse en oblique que l'on va devoir insérer à l'intérieur du nouage. Il faut alors la faire glisser vers la droite jusqu'à ce qu'elle vienne se plaquer sur le premier demi-nœud de base.

7 et 8 - À présent, on doit impérativement rester à gauche des spires en place, en veillant à ce que la ganse vienne bien s'insérer à l'intérieur des spires jusqu'à l'extrémité gauche de la construction.
Le mou provoqué par le surplus de cordage sera absorbé en tirant sur le courant situé à droite.

nœud d'arrêt des dragueurs d'huîtres

Le nœud d'arrêt des dragueurs d'huîtres concerne toutes les utilisations qui nécessitent un arrêt plus large que celui offert par les nœuds simples.
La forme triangulaire de sa base permet un excellent blocage.

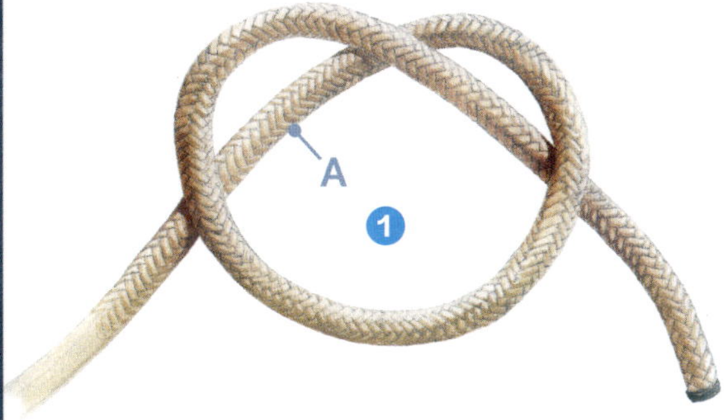

1 et 2 - En utilisant là encore le premier geste de départ, on conduit le courant d'abord deux fois dessus, puis dessous, pour construire en « A » une ganse deux fois dessous qu'on va sortir vers le haut.

3 - Le courant vient alors faire le tour en passant sur le dormant pour traverser la ganse qu'on vient de sortir. Le serrage ne sera correct que si l'on prend bien soin d'ajuster chaque ganse une par une. À la fin, on doit voir apparaître le triangle de la base.

tour mort et deux demi-clefs

Le geste dont on ne vantera jamais assez les mérites, c'est le tour mort. Geste simple s'il en est, il permet de bloquer la tension qui peut s'exercer sur un cordage en décuplant la force du bras. Et si la tension est trop importante, rien n'empêche de faire un deuxième tour mort. Ce geste réflexe se perd un peu chez les plaisanciers, pourtant c'est le départ du nœud le plus emblématique de la marine à voile : un tour mort et deux demi-clefs. Le nœud d'amarrage par excellence, l'un des seuls que l'on puisse nouer et surtout dénouer sous forte tension.

1 et 2 - Il faut bien veiller à ce que les deux demi-clefs soient toujours nouées dans le même sens.
Si, comme sur les schémas, vous nouez la première en passant d'abord le courant sous le dormant en place, vous devez nouer la seconde en passant d'abord par-dessous.
Bien sûr, rien n'empêche de commencer le trajet du courant par-dessus, à condition de nouer la seconde par-dessus elle aussi.

3 et 4 - Par forte traction, on peut réaliser deux tours morts au départ.

nœud de grappin

Assez proche du tour mort et deux demi-clefs, voilà un excellent amarrage, simple et toujours très facile à dénouer, en particulier lorsqu'il est pourvu d'une ganse. À l'origine, on l'utilisait principalement pour amarrer une petite ancre directement à son orin.

1 - On commence par le même geste que pour un tour mort et deux demi-clefs, mais on laisse un espace assez large entre le support et le tour mort.

2 - Cet espace doit permettre d'y faire passer le courant. Malgré son extrême simplicité, ce nœud a une excellente tenue, il ne glissera pas. Et dès que la tension se relâche, il devient facile à dénouer.

3 - Bien sûr, en remplaçant l'extrémité du cordage par une ganse, on pourra procéder à un largage immédiat.

nœud de remorque

Une autre illustration de l'efficacité du tour mort...
Si l'on doit réaliser un amarrage avec un cordage de gros diamètre ou un amarrage susceptible d'être largué très facilement, on nouera le nœud de remorque, couramment utilisé par les bateliers pour remorquer un chaland.
Le secret de ce nouage, c'est qu'en réalité il n'y a pas de nœud proprement dit. Le coincement vient des tours morts et de la mise en tension de l'extrémité.

1 - On commence par une série de tours morts. Il faut en faire au moins trois ou quatre pour avoir un coincement efficace.

2 - On confectionne ensuite, sur le courant, une ganse suffisamment grande pour qu'elle puisse passer sur le support de l'amarrage. Cette ganse est ajustée en tension. On peut alors tendre l'extrémité restante sur un taquet ou la coincer sans nouage sur un support à proximité.

nœud cabestan

Couramment appelé « nœud cabestan », il s'agit des deux demi-clefs à capeler. Nœud à tout faire d'une extrême simplicité, il est l'un des plus utilisés. Mais si la tension est très forte, il risque de se coincer au point de devenir impossible à dénouer.

1 - Sur un support vertical, avec un sommet accessible, le courant passe sous le dormant.

2 - Le courant commence à être coincé. Il suffit d'exécuter le même geste pour nouer la seconde demi-clef. Le cordage est définitivement coincé.

nœud constricteur

Ce nouage fut inventé dans les années trente par Clifford Ashley, l'auteur du *Grand livre des nœuds*, qui reste la référence en la matière. Son originalité, par rapport au nœud cabestan dont il est issu, vient de ce que les deux demi-clefs ne vont pas travailler l'une à la suite de l'autre mais ensemble. Nettement plus efficace, le nœud constricteur, lui, ne se relâche pas.

1 et 2 - On peut systématiquement procéder ainsi, mais il existe une voie plus rapide et plus simple dont le moyen mnémotechnique s'énonce comme suit : sur le dormant et sous la croix...

3 - Et pour obtenir un nouage plus large, on peut doubler le premier tour.

4 - La croix est toujours à la même place, ce qui permet, si on le souhaite, de faire aussi trois tours pour tripler le nouage. On obtient alors une véritable surliure très souquée.

tête d'alouette

On appelle ces deux demi-clefs renversées la tête d'alouette. Tout le monde connaît ce nouage qui fait partie des incontournables du matelotage, même si la plupart des gens en ignorent le nom. On utilise cet amarrage élégant et discret principalement pour saisir un objet par le milieu du cordage.

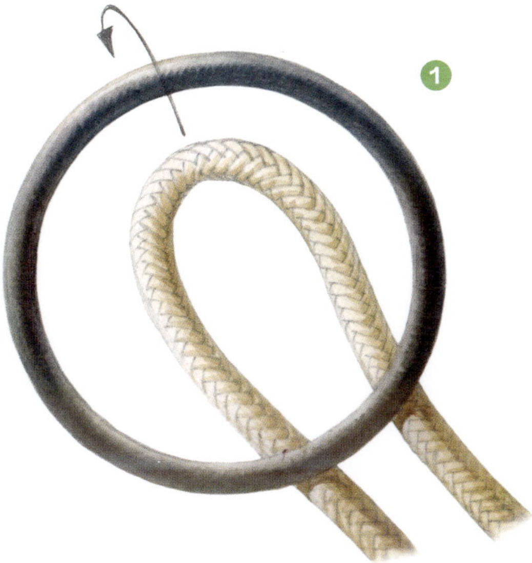

1 et 2 - Il suffit de tirer sur l'objet tout en séparant les deux parties du cordage. On peut aussi le nouer avec un seul brin en renversant la seconde demi-clef.

nœud de drisse de bonnette

Nouage très ancien et malheureusement presque inconnu, il fait partie de ces manœuvres particulièrement efficaces puisqu'elles répondent exactement à ce qu'on attend d'elles : ici, réduire au maximum l'espace entre le nœud et le support.
Pour hisser un espar, dont la drisse passe dans une poulie ou un simple réa dans le mât (comme un bâton ou un balestron de flèche), au moyen d'un nouage sans volume, le nœud de drisse de bonnette est idéal. Sûr et compact, il se dénouera très facilement dès qu'on aura supprimé la tension sur la drisse.

1 et 2 - Après avoir entouré le support par un tour mort, on effectue un premier croisement en passant par-dessus.

3 - On continue jusqu'au dormant en passant dessus, dessous, puis de nouveau dessous, en opposition.

3

4

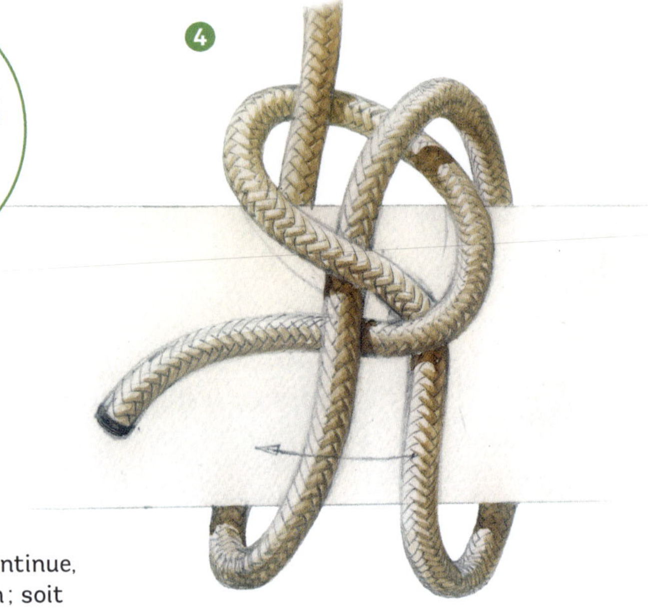

4 et 5 - Le tressage continue, toujours en opposition ; soit dessus, dessous. On reproduit ainsi le nouage de la tresse en trois.
Rien n'empêche de la poursuivre en préparant une ganse deux fois dessus suivie d'une ganse deux fois dessous.

5

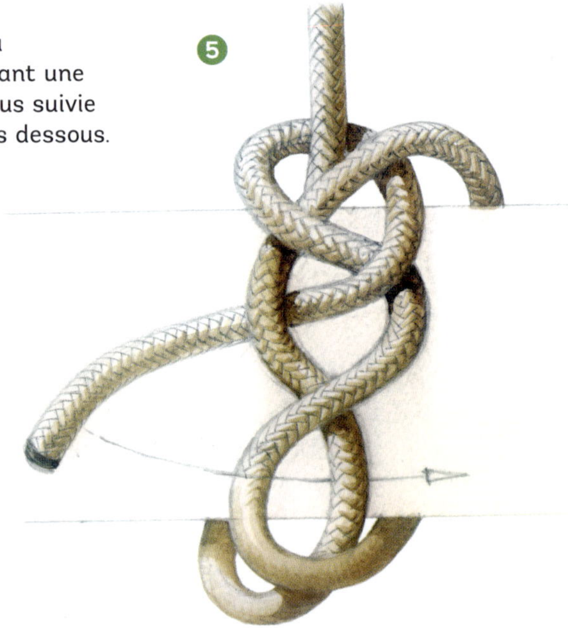

6

6 - Maintenant que la préparation est finie, on l'exploite. Le courant est conduit sur la ganse deux fois dessus et sous celle qui est deux fois dessous.
Cette tresse assure une excellente tenue. Quand il n'y a plus de tension sur le nouage, après l'affalage, on peut dénouer sans difficulté.

bec d'oiseau

Le plus simple des œils coulissants est le bec d'oiseau dont l'origine remonte à la nuit des temps.
On peut le nouer directement avec la ganse car il s'agit d'un demi-nœud réalisé justement avec la ganse.

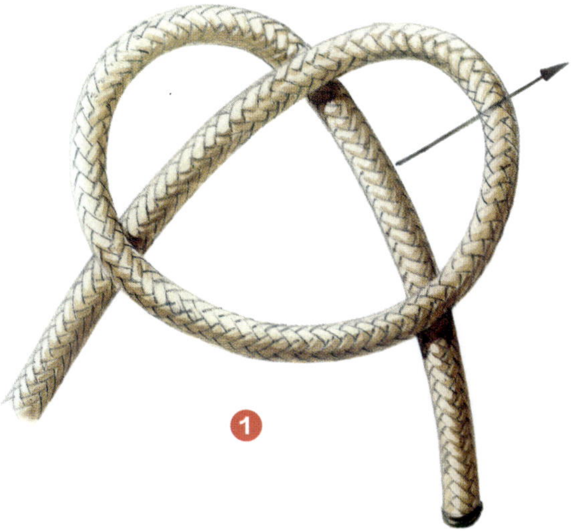

1

1 et 2 - Le premier geste est toujours le même. Le courant passe par-dessus, puis deux fois sous la ganse de droite, de façon à créer une ganse deux fois dessous qu'il suffit de tirer vers le haut, comme pour le demi-nœud.
Noué de cette façon, il ne peut servir qu'à réaliser un arrêt provisoire. Il devient beaucoup plus intéressant noué autour d'un support (voir le nœud étrangleur ci-après).

2

nœud étrangleur

Déclinaison du bec d'oiseau, le nœud étrangleur est sûrement la boucle coulissante la plus efficace et la plus élégante pour saisir une manille ou un mousqueton.

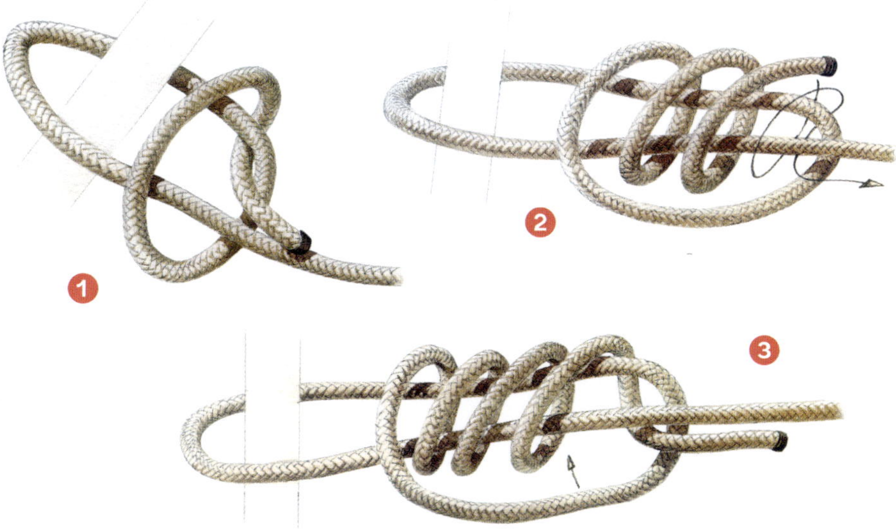

1, 2 et 3 - Après avoir conduit le cordage autour du support, on noue un demi-nœud sur l'extrémité du courant en entourant le dormant comme si on voulait le gainer. Et c'est précisément ce que nous allons faire en doublant, triplant, quadruplant le demi-nœud de base.

4 et 5 - Après avoir procédé à un préserrage sur les extrémités, on conduit la grande ganse en oblique vers la droite jusqu'à ce qu'elle vienne se plaquer exactement sur le demi-nœud de base. On continue à la faire tourner vers la gauche en l'insérant bien à l'intérieur des spires, exactement comme pour le nœud capucin dont le nœud étrangleur est l'émanation.

nœud coulissant en huit

C'est peut-être le nœud coulissant le plus simple. Fiable, le nœud coulissant en huit présente également l'avantage de pouvoir être dénoué.

1 - Il faut partir du dormant, la partie la plus longue, et conduire le courant de façon à entourer le support avec son extrémité.

2 - On confectionne un nœud en huit sur le dormant, en respectant bien l'alternance dessous, dessus, dessous...

nœud de chaise

C'est le plus célèbre des œils non coulissants, celui que les marins emploient couramment tant ses usages sont multiples. Appelé autrefois le nœud de bouline, il servait surtout à régler la tension des écoutes de voiles carrées. Ce n'est que plus tard que son utilisation pour calfater les coques lui a donné son nom actuel.

1

2

1 et 2 -Tout commence par le mouvement de départ immuable : demi-clef courant par-dessus. Le croisement de la demi-clef est tenu entre le pouce et l'index gauche. On applique les principes du tressage direct, donc mise en opposition et positionnement dessus, dessous.

3

3 - Retour dans la demi-clef, cœur du nouage, sur la croix et finir par-dessous. Il faut aussi veiller à ce que la chicote ne soit pas trop courte.
De cette manière, on peut le nouer dans toutes les positions sans risque d'erreur.

nœud de chaise assuré

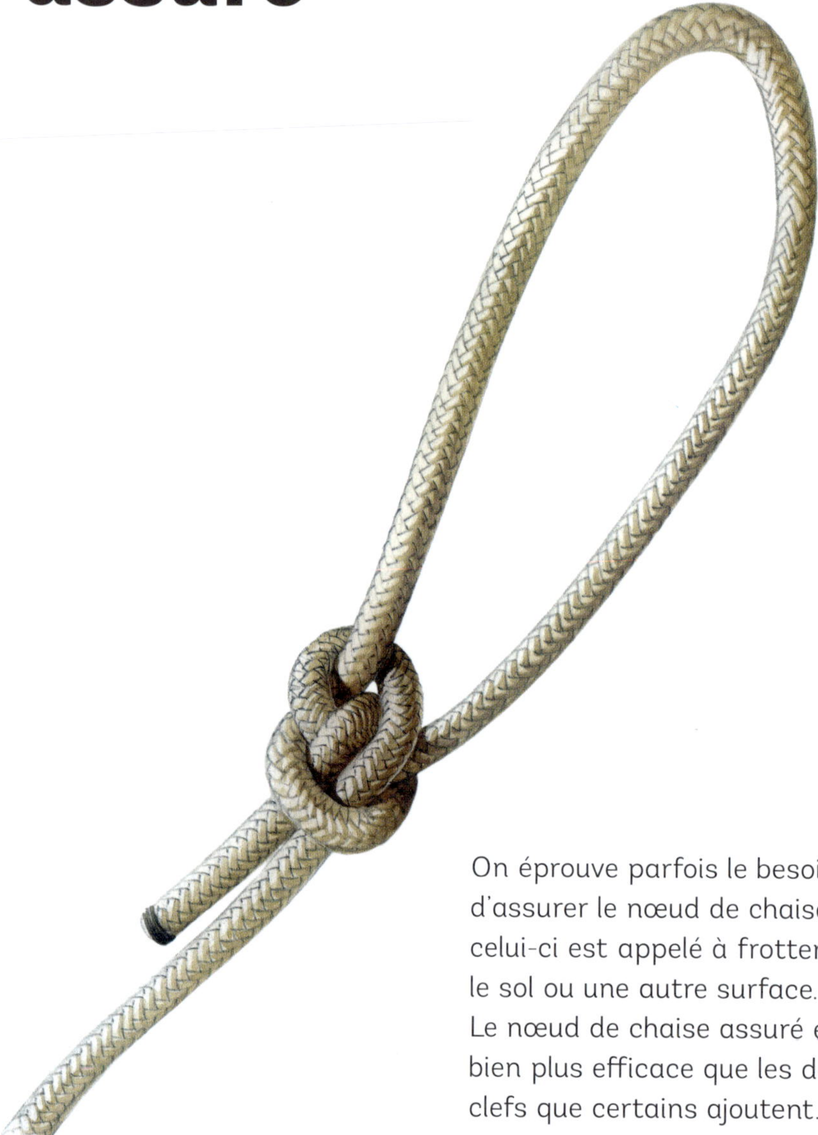

On éprouve parfois le besoin d'assurer le nœud de chaise si celui-ci est appelé à frotter sur le sol ou une autre surface. Le nœud de chaise assuré est bien plus efficace que les demi-clefs que certains ajoutent.

1 et 2 - Il suffit, après avoir retourné le nœud, d'insérer la chicote —qu'on a prévue un peu plus longue— à l'intérieur du nœud et dans le même sens que le dormant.
Il se dénouera aussi facilement que dans sa version de base.

nœud de chaise avec deux demi-clefs successives

Sous de très fortes charges, on peut diminuer la tension sur le nœud en rajoutant une demi-clef au départ. Ainsi, les deux demi-clefs vont se partager les efforts.

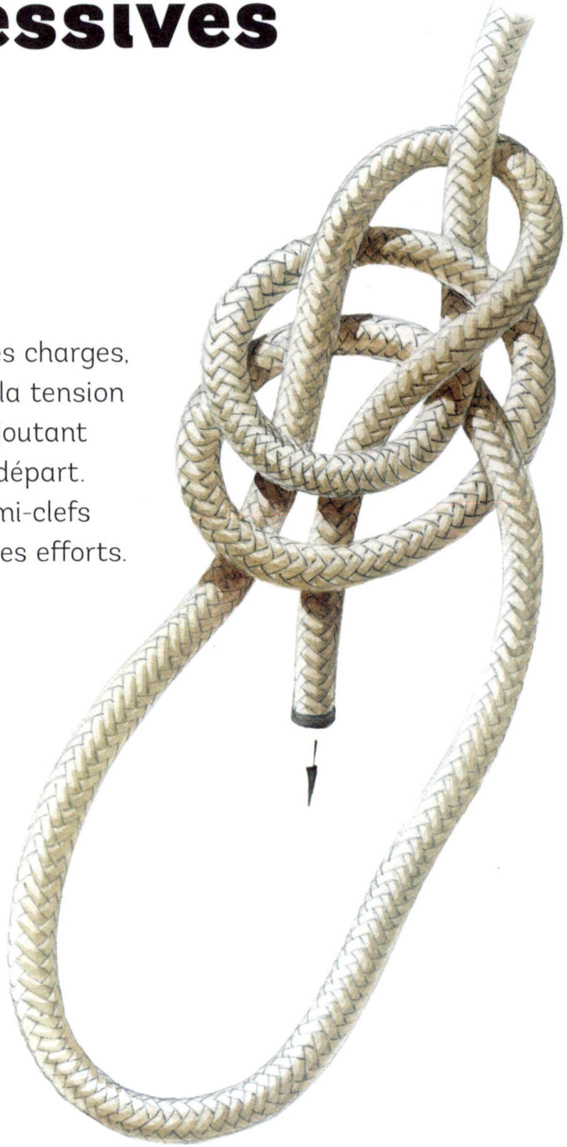

1

2

1 et 2 - Le nouage suit la même logique que les deux demi-clefs à capeler que l'on dispose l'une sur l'autre. Après la courbe de l'œil final, le courant revient par-dessus et sur la croix pour finir par-dessous, le long du brin qui constitue l'œil.

nœud de chaise de calfat

C'est le nouage qui a donné son nom au nœud de chaise.
On peut l'utiliser pour monter un homme dans la mâture. Au temps de la marine en bois, il servait à suspendre un matelot le long de la coque pour calfater les bordés.
Il est constitué de deux grandes boucles dont on peut rapidement et facilement régler la taille.

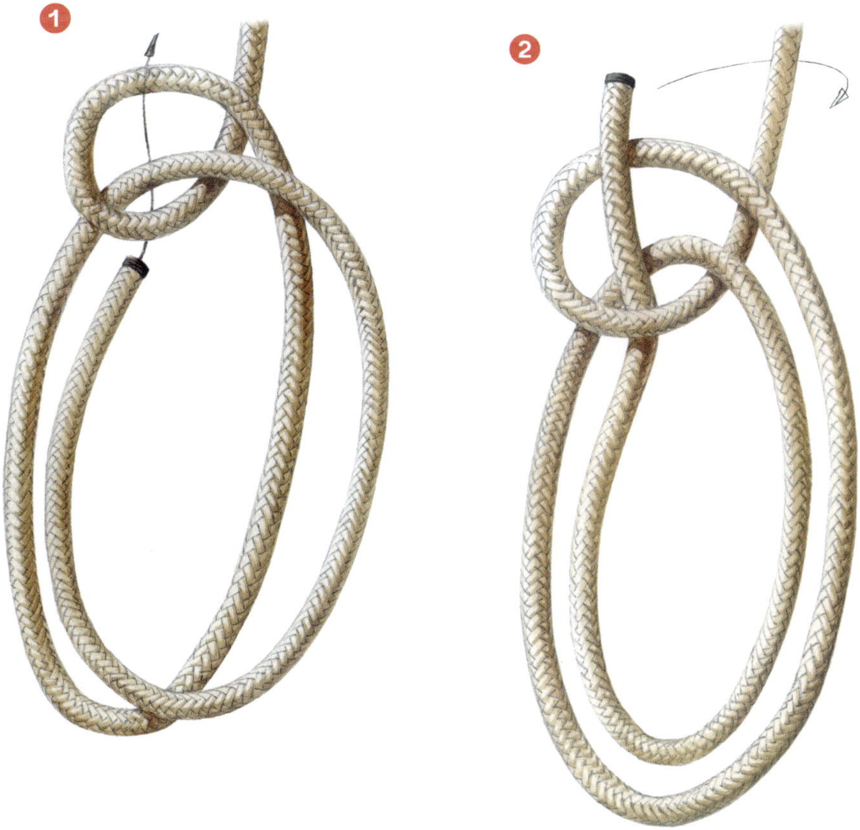

1 et 2 - Le départ est toujours le même, courant par-dessus.
Les deux boucles sont créées en passant deux fois dans la demi-clef, puis dessous et deux fois dessus puisqu'il y a deux boucles.

3

3 - On confectionne alors une deuxième demi-clef au-dessus, dans laquelle passera le courant dessous, dessus...

4

4 - Il n'y a plus qu'à terminer le nœud de chaise sur cette demi-clef du haut. On peut, à ce stade, l'assurer.

5 - L'ajustage de la taille des boucles (une pour le haut des cuisses, l'autre pour le bas du dos) se fera avec la partie qui coulisse dans la demi-clef. Confort relatif, mais bon équilibre...

5

nœud de chaise dans le mouvement d'une demi-clef

Pour saisir un anneau, une barre ou tout autre support avec un nœud de chaise, on peut le réaliser dans le mouvement au lieu de créer une demi-clef tenue par la main gauche.

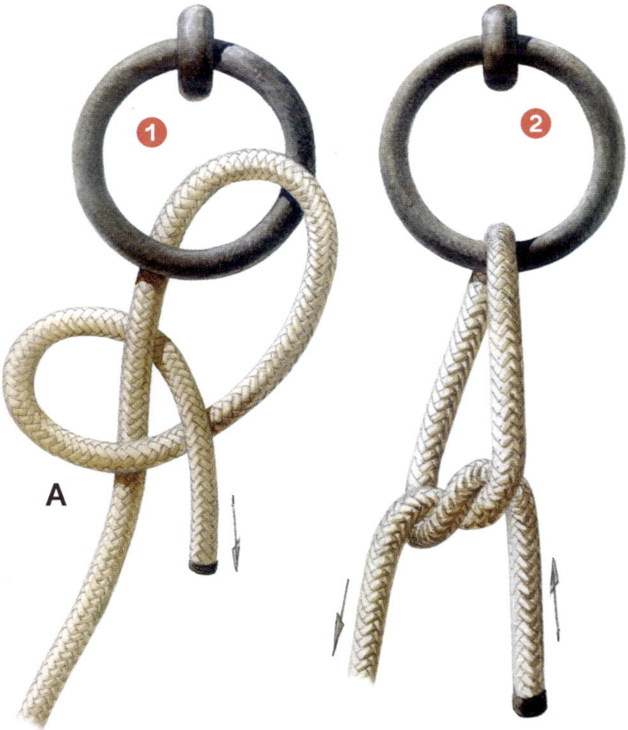

1 et 2 - Il suffit de nouer sur le dormant une demi-clef, courant par-dessus. Il faut alors faire en sorte que cette même demi-clef réalise un transfert et passe sur le dormant. On l'obtient en tirant sur le courant en même temps qu'on pousse la partie dormante en « A » dans la direction opposée.

3 - La demi-clef a changé de place. Il suffit de conduire le courant par-dessous et de revenir dans la demi-clef par-dessus pour finir par-dessous.

nœud de chaise de harnais

Parfois, dans l'urgence, on peut être amené à se confectionner un amarrage avec lequel on sera sûr de rester solidaire du bateau. Autrement dit, un amarrage qui permette de s'assurer, sans utiliser un harnais de sécurité dont le maniement se révèle souvent compliqué.

1 - On prend un cordage du bord (si possible au moins du 14), que l'on pose sur les épaules de part et d'autre du cou de façon à ce que l'extrémité tenue par la main droite vienne effleurer le sol pour avoir la bonne longueur de cordage.

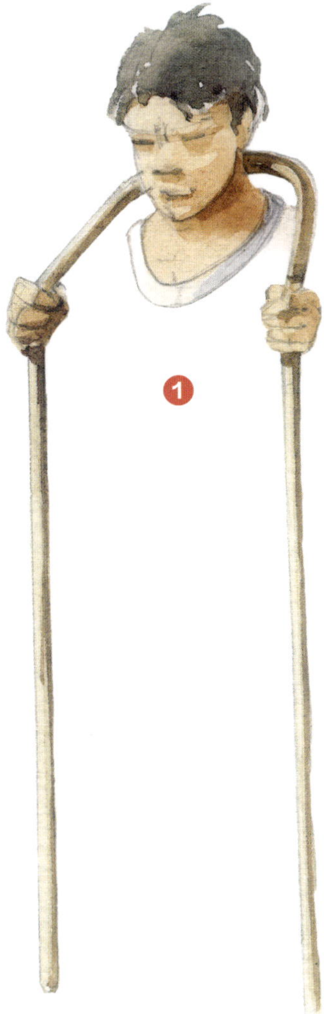

2 - On conduit alors les deux parties de chaque côté du cou, dans le dos, en ajoutant une torsion de façon à ce qu'elles se croisent.
Et on revient sur le devant de la scène...
Il n'y a plus qu'à nouer le nœud de chaise le plus près de soi possible.

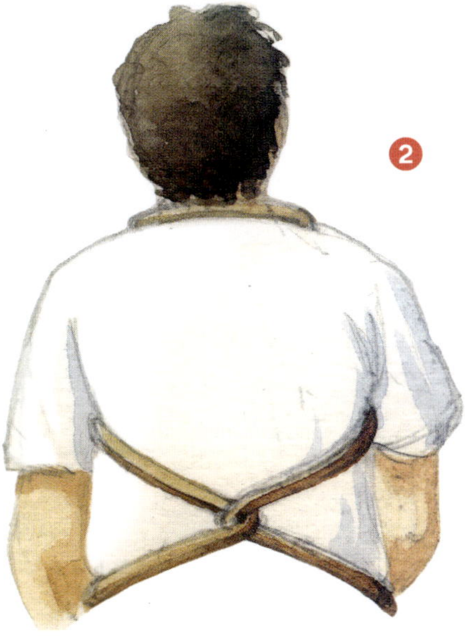

nœud de Sylvain

Un jeune passionné de nouages a mis au point un œil non coulissant qui ne doit rien au hasard, mais résulte d'une réflexion judicieuse.
Excellent pour les écoutes de foc, le nœud de Sylvain est facile à dénouer et à ganser.

1

1 - Le courant, qui est passé par-dessus lors de la fabrication de la demi-clef de départ, continue son chemin par-dessus, puis dessous et dessus.
À ce stade, le nœud réalisé, très simple, est exploitable tel quel. On peut exercer une traction à condition que le dormant soit bien tendu et… ça tient ! Dès que la traction cesse, tout se défait sans intervention.

2

2 - Bien sûr, le véritable intérêt de ce nœud réside dans le fait qu'il doit aussi garder son intégrité quand il n'y a plus de tension.
Il faut bloquer la construction qu'on vient de réaliser.
Il suffit de conduire le courant sous toute la structure et de lui faire suivre, en parallèle, le même chemin que l'œil final.

nœud de ride à un brin

Si l'on doit réaliser un œil non coulissant avec une fibre très glissante comme le Dyneema pur, le nœud de chaise risque de glisser. On utilise alors un nœud particulier, le nœud de ride. En principe noué avec plusieurs brins, il est possible d'en faire un œil, avec l'équivalent d'un deuxième brin qui vient s'entrelacer dans le premier demi-nœud.
À l'origine, ce nœud servait à commencer la ride dans les caps de mouton qui, percés de leurs trois trous, permettaient de la tendre et de raidir les haubans.

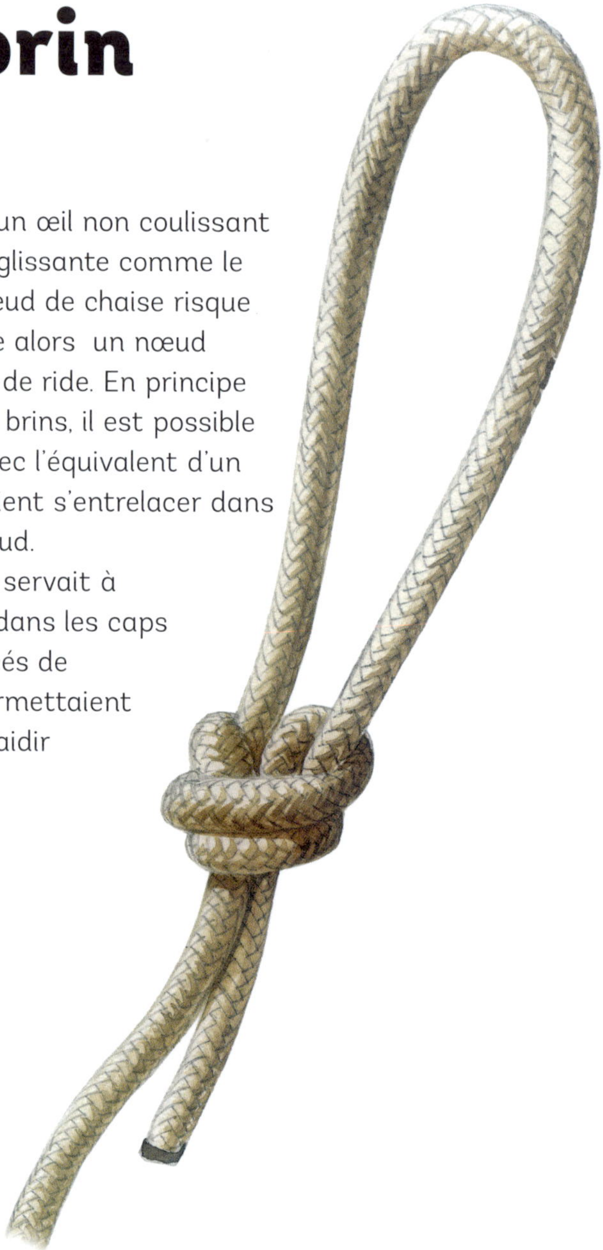

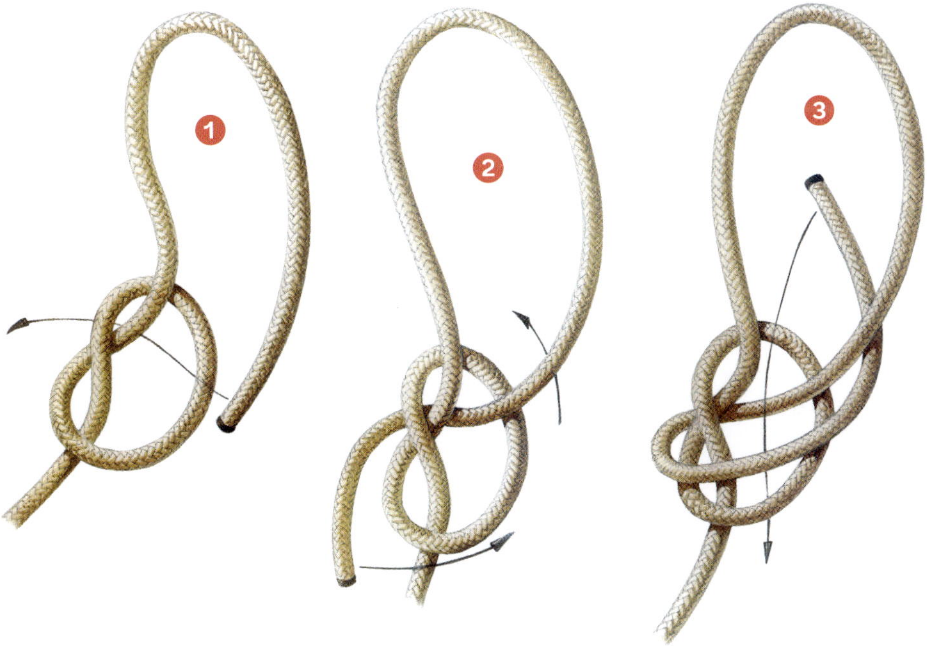

1, 2 et 3 - Les deux demi-nœuds sont maintenant entrelacés.

4 - L'ajustage final nécessite beaucoup de soin. Le mieux est de tirer avec la main droite sur chacune des quatre parties, l'une après l'autre, tout en retenant l'ensemble de la structure dans la main gauche pour un bon ajustage lors de la tension exercée par la main droite.
En poussant chaque paire de deux brins située de part et d'autre du nœud, on peut le dénouer sans trop de difficultés.

boucle parfaite du pêcheur à la ligne

C'est une boucle particulièrement sûre, qui permet d'obtenir un très bon coincement, même avec un fil de nylon bien raide. C'est un grand classique des nœuds d'hameçon, préféré au nœud de chaise par les pêcheurs à la ligne.
On peut nouer la boucle directement en milieu de cordage, mais il est nettement plus intéressant d'utiliser la méthode en bout de cordage pour pouvoir passer le fil dans un œil.

1 - On commence par un demi-nœud, courant par-dessus. Le courant, après avoir été inséré dans l'œil, revient dans le demi-nœud à la même place.

2 - Le courant revient ensuite sur le dormant et sur le premier brin du demi-nœud.
Il finit alors sa course en venant se loger sous le « V » du premier demi-nœud.

nœud de bouteille

Inventé par un marin de génie, on peut considérer que c'est le nœud le plus important du bord… Il permet en effet de mettre une bonne bouteille au frais avec la plus grande sécurité et surtout beaucoup d'élégance.

1

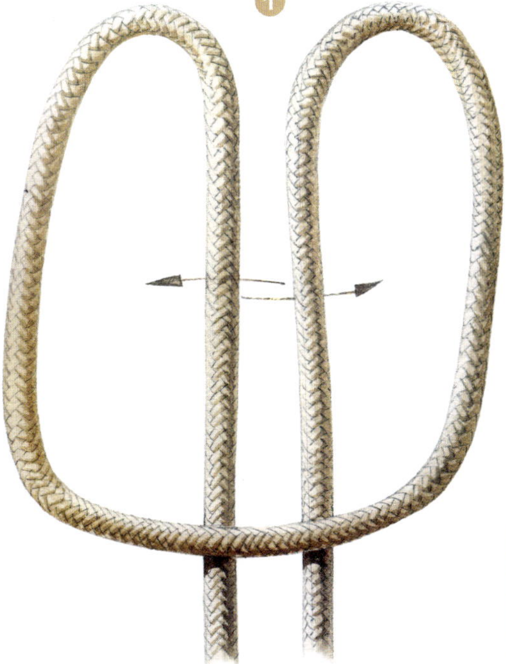

2

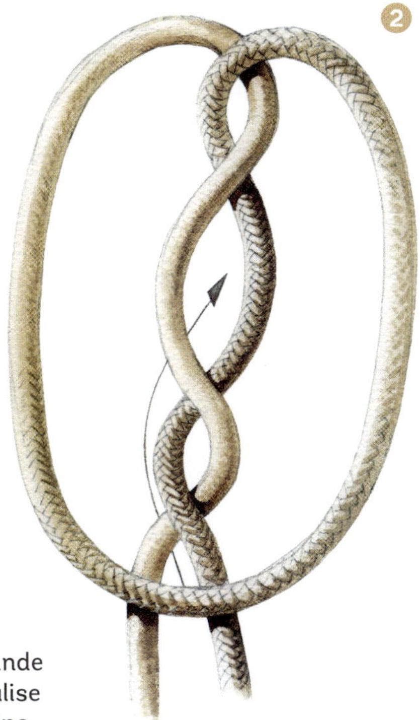

1 et 2 - Ce nouage commence par une grande tête d'alouette, ganse par-dessus. On réalise alors une double torsion avec les deux brins du milieu, en gardant bien en évidence la petite ganse deux fois dessus située tout en bas de la construction.

3

3 et 4 - On tire maintenant sur cette petite ganse et on la conduit vers la droite de façon à ce qu'elle sorte par-dessus. On finit par donner à la construction cette forme qui laisse apparaître la grande ganse de droite qu'on va devoir faire passer sous toute la structure comme l'indique la flèche.

4

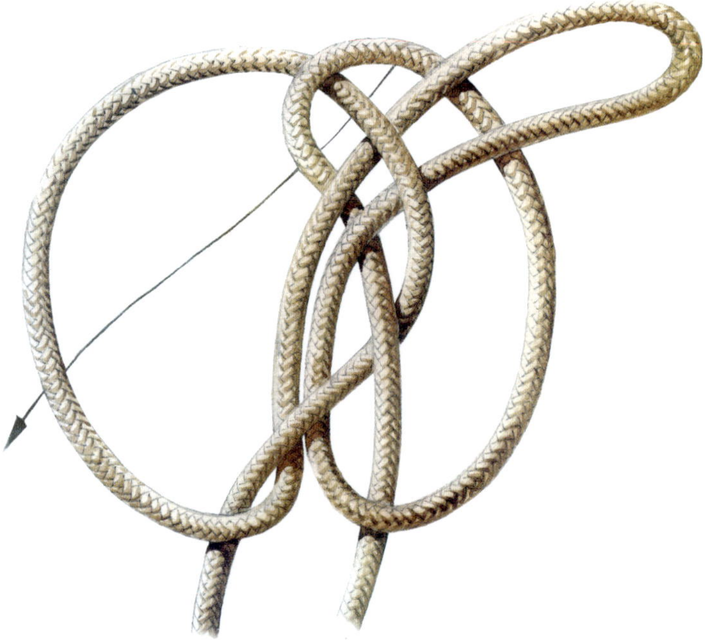

5

5 - Avec la dernière opération, on conduit maintenant la grande ganse située par-dessus, toujours par-dessus toute la structure jusqu'en bas de la construction.

6

6 - Le nouage est terminé. Le goulot de la bouteille va pouvoir venir se loger dans l'espace en forme d'hexagone qui, sous la traction, va se comporter comme un véritable étau en coinçant le petit rebord sans possibilité de glissement. Il n'y a plus qu'à passer dans la grande ganse une des deux extrémités avec laquelle on noue un ajut (par exemple le nœud d'écoute simple) avec l'autre extrémité. Ainsi l'ajustage se fera automatiquement pour suspendre notre bouteille en toute sécurité.

nœud de harnais

Autrefois appelé nœud de harnais d'artilleur, il permettait de confectionner très vite une boucle efficace pour tracter les canons… Si la traction sur l'œil est susceptible de s'exercer à angle droit par rapport au cordage, on choisira le nœud de harnais d'artilleur.

1

1 - Départ classique par une première grande demi-clef, courant par-dessus. Le courant est alors conduit deux fois dessous. La grande ganse du bas constitue l'œil final.

2

2 - On conduit la grande ganse sous la petite, qui se trouve deux fois dessous, et enfin par-dessus. On ajuste de façon à ce que la construction soit bien compacte.
Rien n'empêche d'effectuer une torsade supplémentaire avec la ganse de l'œil final. On obtient alors le double nœud de harnais.

boucle papillon des alpinistes

La boucle papillon des alpinistes était utilisée en montagne avant l'arrivée des mousquetons pour nouer une boucle facile à défaire. En marine, elle a pratiquement le même usage que le nœud de harnais.

1 - On confectionne deux demi-clefs l'une au-dessus de l'autre. Il faut rabattre la demi-clef du haut jusqu'en bas, de façon à bien visualiser la ganse du bas « A », deux fois dessus.

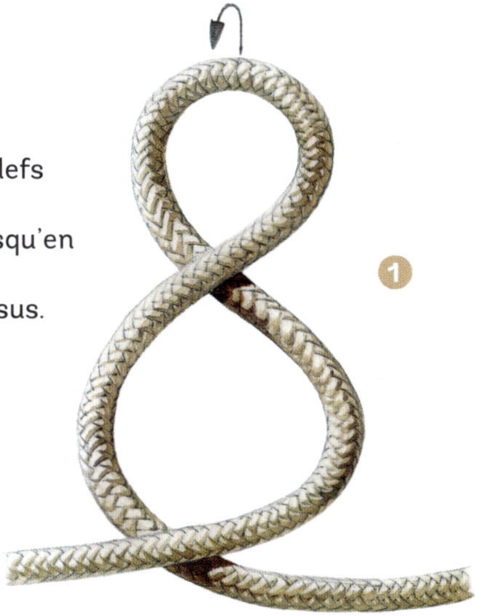

1

2

2 - On tire cette ganse du bas vers le haut avec la main droite tout en freinant l'ensemble du bas pris dans la main gauche.

3 - Après un ajustage bien serré, on obtient cette boucle non coulissante facile à dénouer.

3

nœud de traction en huit

Ce nouage utilise les nombreuses qualités du nœud en huit. Très utile pour étarquer une drisse au moyen d'un palan, il permet de créer très vite, sans se servir d'une extrémité, un point de fixation facile à nouer et à dénouer même après un travail intense.
Les constructions qui empruntent le principe du nœud en huit sont nombreuses. Celle-ci est une des plus simples.

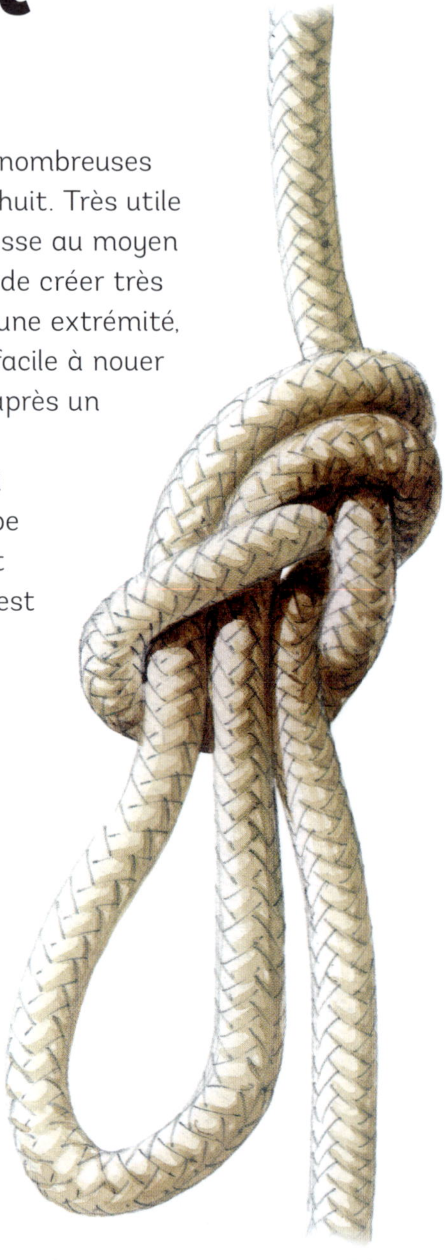

1 - On crée une ganse à l'endroit où l'on veut exercer la traction.

2 - Cette ganse remonte le long du cordage en passant par-dessous et revient dans la boucle du bas, en opposition, dessus, dessous et dessus.

nœud plat

Il représente la façon la plus simple de relier deux cordages. Il est universel. Quel nœud pourrait convenir aussi bien que lui pour nouer les lacets d'une chaussure ?

1 et 2 - Le nœud plat commence toujours par un premier croisement, puis une torsade des deux éléments.

3

4

5

3, 4 et 5 - Le brin de gauche a commencé et fini son circuit par-dessus. Il effectuera tous les autres croisements par-dessus.
Quand les deux brins vont de nouveau se croiser, le brin de droite retournera à gauche en passant par-dessus, puis dessous et finira sa course par-dessus.
Après une forte traction, pour un dénouage plus facile, on tire sur les deux brins situés du même côté mais en opposition l'un par rapport à l'autre.

6 et 7 - Beaucoup de gens nouent un nœud de vache au lieu du nœud plat et ne comprennent pas pourquoi les lacets ne tiennent pas. La différence est minime mais essentielle pour un usage correct. Ainsi noués, les brins ne peuvent que glisser.

nœud plat gansé et amélioré

Même s'il n'a pas une vocation maritime, comment ne pas évoquer le seul nœud que tout le monde utilise dans la vie courante ? Pour nouer des lacets de chaussure, et donc pour les dénouer facilement, il suffit de créer des ganses sur l'une ou les deux extrémités au moment de la seconde torsade des brins.

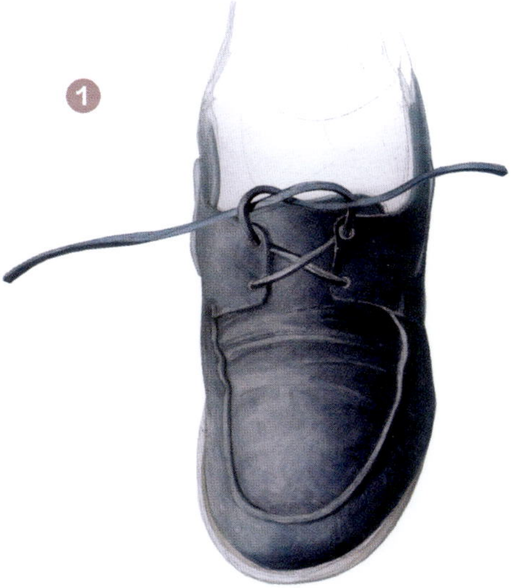

1 - Le brin de droite gansé sera conduit à gauche en croisant l'autre ganse par-dessus.

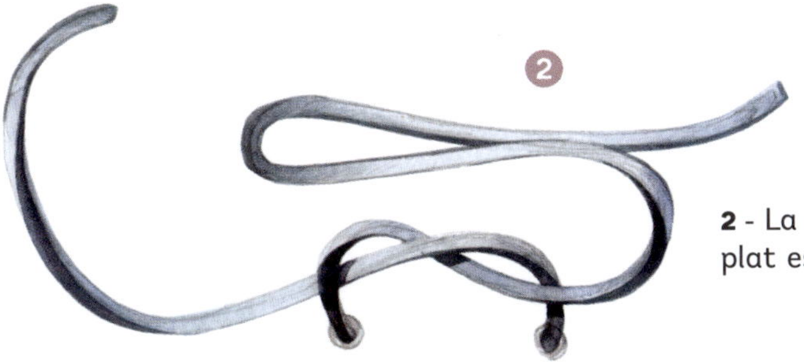

2 - La construction du nœud plat est respectée.

3 - Avec certains matériaux comme le cuir, surtout s'il est neuf et plus particulièrement s'il possède une section carrée, on ajoutera une torsade à l'aide d'une des deux ganses pour augmenter les capacités de coincement. Ainsi noué, c'est devenu un véritable étau.

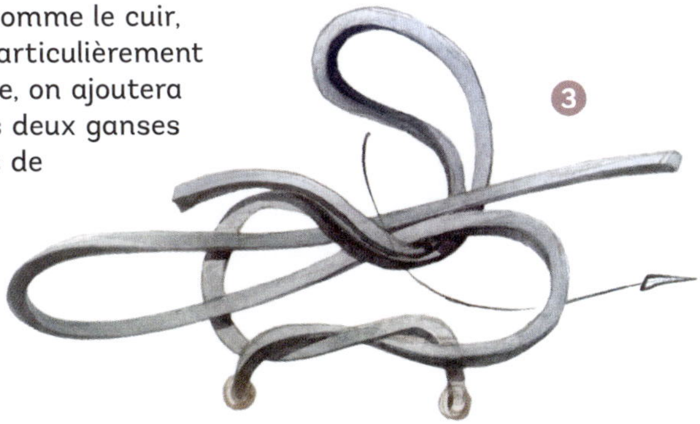

nœud de pêcheur

Les marins préfèrent la simplicité du nœud de pêcheur pour des garcettes de petits diamètres, surtout s'il s'agit d'un ajut définitif. Ici, deux demi-nœuds viennent se bloquer l'un sur l'autre en empêchant toute possibilité de glissement.

1 - Une fois ce premier nouage réalisé, il faut le renverser pour être sûr qu'à terme l'ensemble soit bien symétrique.

2 - On a donc fini par le nouage du deuxième demi-nœud en gainant le dormant opposé.

3 - Si l'on pense avoir besoin de dénouer cet ajut, on peut remplacer les deux demi-nœuds par des nœuds en huit.

nœud d'écoute

Le nœud d'ajut le plus couramment employé par les marins reste le nœud d'écoute et toutes ses déclinaisons (nœuds d'écoute double, triple, en Y ou amélioré), en particulier lorsque les deux cordages ont des diamètres différents. Au départ, il fut créé pour le réglage de la tension des écoutes.
Cette utilisation lui a donné son nom, même si, aujourd'hui, il a d'autres fonctions.

1

1 - On crée une boucle avec le cordage de plus gros diamètre si les bouts à relier sont de tailles différentes. On peut aussi utiliser un œil déjà constitué avec un nouage ou une épissure.

2

2 - L'autre brin est conduit dans cette boucle du bas vers le haut. Il passe ensuite sous toute la structure pour revenir et finir sa course en étant serré par lui-même.

3

3 et 4 - Ce nœud peut être doublé pour une meilleure tenue ou gansé pour un largage instantané.

4

5

5 - On peut aussi réaliser un ajut avec deux éléments qui vont partir dans des directions différentes, mais toujours saisis par le cordage principal.

6

6 - Enfin, si la différence de diamètre entre les deux cordages est importante, on peut améliorer le nœud d'écoute en ajoutant un point de coincement. Le courant revient en arrière sur et sous lui-même.

nœud de carrick

D'aucuns affirment que saint Carrick, moine irlandais ayant vécu au Moyen Âge, est le saint patron des gabiers… car c'est avec lui qu'on réalise l'ajut le plus sûr entre deux cordages : le nœud de carrick.
Ce nœud est d'autant plus intéressant qu'il ouvre la porte au matelotage savant, puisqu'il nécessite une préparation qu'on va exploiter pour tresser.
Enfin, quelles que soient les tensions qu'il aura subies, on pourra toujours le dénouer sans difficulté majeure.

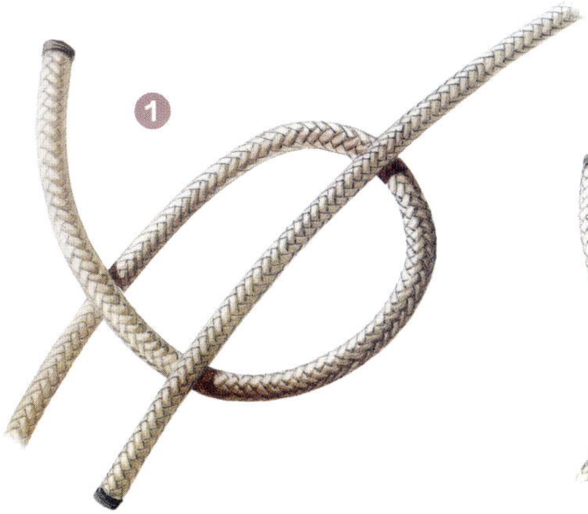

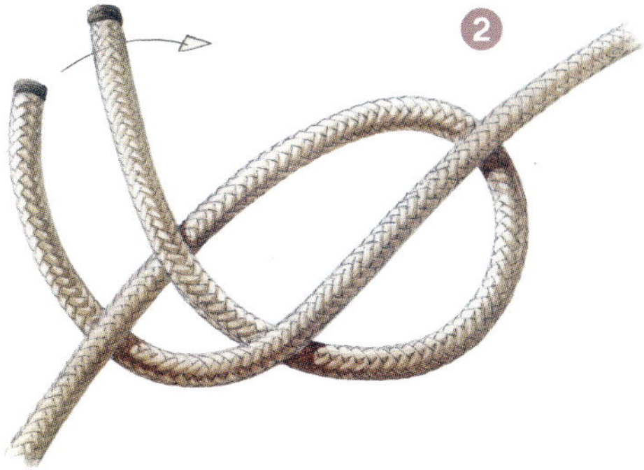

1 et 2 - Si la demi-clef du cordage de gauche a commencé sa route par-dessus, on conduira le deuxième cordage sur la première demi-clef deux fois par-dessus dans la même direction que le dormant du cordage de gauche. La préparation est finie, on peut tresser avec le cordage de droite qui se met en opposition avec l'élément du premier cordage en passant dessous.

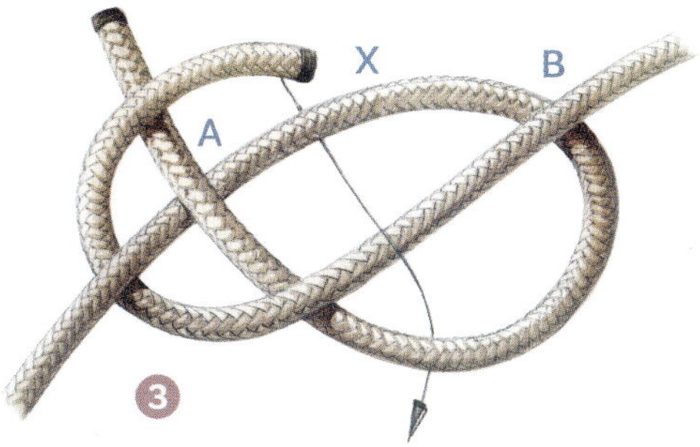

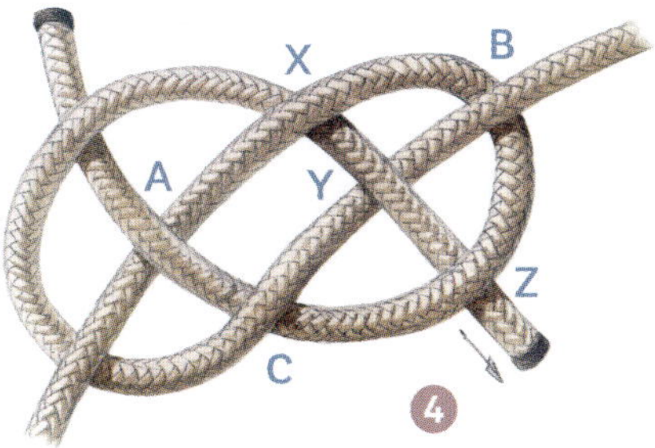

3 et 4 - La conduite se fait toujours en opposition mais à présent avec l'élément suivant par-dessus. Pour aller par-dessous, on choisira la ganse deux fois dessous marquée A B située à proximité immédiate.

On vient de mettre en pratique la grande loi du tressage :

Ganse deux fois dessous, je vais dessous...

Ganse deux fois dessus, je vais dessus...

À l'issue du tressage, il n'y a plus que des ganses cohérentes, dessus à un croisement et dessous à l'autre, soit : XA et XB, YC et YB, ZC et ZB.

Il n'y a que de cette façon que l'ensemble puisse tenir.

Au moment de la mise en service, les brins vont un peu glisser, mais finiront très vite par se coincer dans un entrelacs très compact. Même après un long travail sous tension, on pourra toujours le dénouer.

nœud de sifflet du bosco

Le nœud de carrick est le départ d'un grand nombre de nouages, en particulier le nœud de sifflet de bosco qui est certainement le meilleur bouton que l'on puisse réaliser dans la main.
C'est lui que nouaient les boscos, du temps de la marine en bois, pour suspendre au cou leur fameux sifflet avec lequel ils donnaient les ordres dans la mâture.

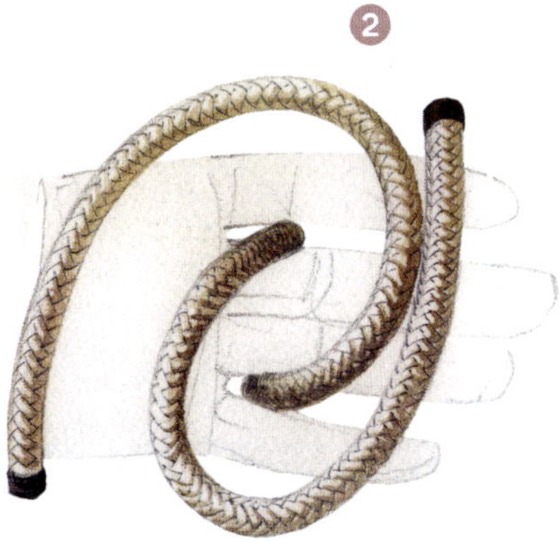

1 et 2 - Première étape : les deux brins sortent entre les doigts et tournent l'un autour de l'autre vers la gauche sans se croiser.

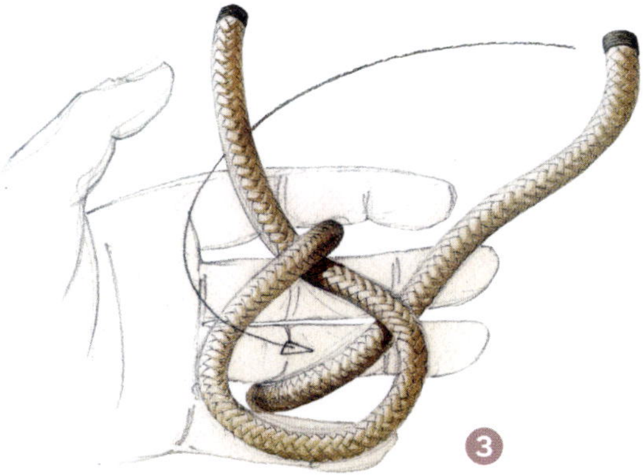

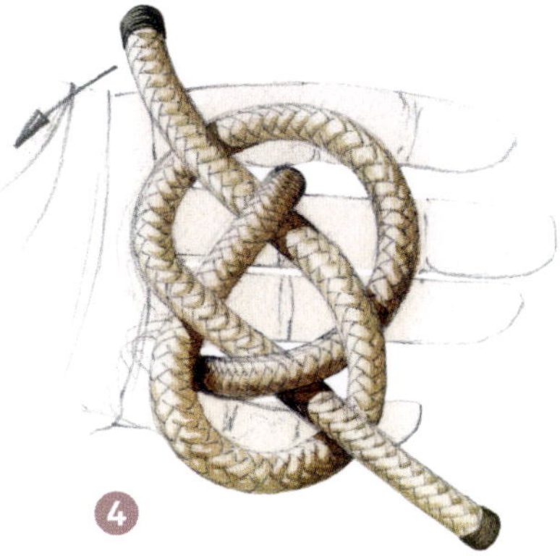

3 - Après avoir conduit le brin de droite sous lui-même à son départ, on conduit le brin du bas de la même manière : dessous, dessus et sous lui-même.

4 - Le nœud de carrick est noué à plat. Les deux chicotes sont diagonalement opposées l'une par rapport à l'autre et sortent par-dessus.

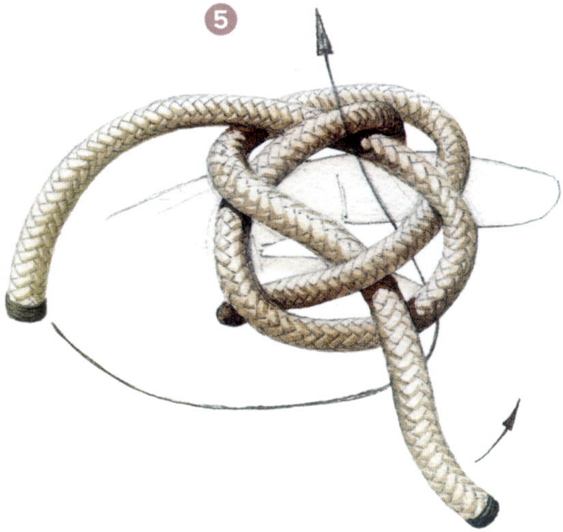

5 - Comme ce nœud doit finir en volume, on commence à l'arrondir sur un doigt, l'index étant le plus adéquat. On conduit chaque courant sur le dormant qui lui est opposé pour le faire sortir au milieu du nouage dans un carré.

6 - On veille à bien respecter le sens de rotation du cordage en le faisant tourner vers la gauche.
Les deux chicotes sont maintenant passées au milieu du nœud. On saisit l'ensemble dans la main gauche en serrant un peu pour retenir les brins. Et on tire sur chaque courant l'un après l'autre pour bien les tendre.

7

7 - On resserre un peu la pression de la main sur le nouage et on tire sur les deux courants en même temps jusqu'à obtenir le bouton.

8 - Le serrage doit être particulièrement soigné. Il faut procéder ganse par ganse en changeant de brin à chaque opération pour faire en sorte qu'il soit bien symétrique et surtout bien souqué, jusqu'à ce que le serrage nous donne un bouton bien compact.

8

erse à bouton

Il s'agit d'un travail de matelotage que les marins connaissent depuis la nuit des temps. Grâce à l'erse à bouton, on peut saisir toutes sortes de manœuvres, amarrer des objets, une écoute, etc. Juste avant de nouer le nœud de sifflet du bosco pour faire le bouton, on noue, au milieu du cordage, un simple demi-nœud.

1 - Au moment de la mettre en service, si, pour la fermer, on passe le bouton au milieu du demi-nœud, l'erse ne servira qu'une fois : après une forte traction, on aura un mal fou à l'ouvrir de nouveau. En revanche, si on transforme le demi-nœud en une demi-clef, en tirant simplement sur une des deux ganses du demi-nœud, on passera le bouton dans l'œil ainsi créé et on refermera l'erse. Même après un travail intense, elle sera toujours facile à ouvrir.

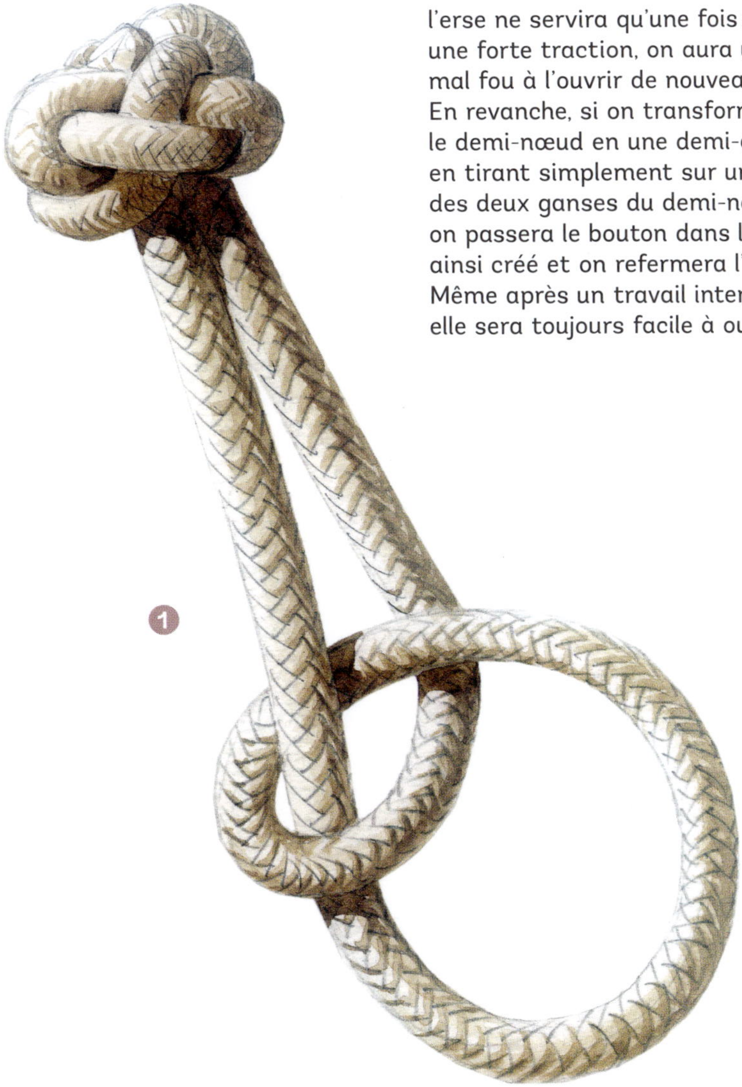

erse à bouton verrouillée

L'erse à bouton parfaite est celle qui va garder au cordage toute son intégrité sans être cisaillé.
Pour ce faire, il faut un cordage particulier constitué d'une tresse extensible dans laquelle le cordage pourra être introduit. Pour ses hautes performances en termes de résistance à la rupture, on utilisera de préférence une tresse pure en Dyneema ensimé.
Cela nécessite l'emploi d'une aiguille creuse comme le modèle présenté page suivante.

1

2

1 et 2 - Après avoir enfilé l'extrémité de la tresse dans la gorge de l'aiguille creuse, on détermine la taille de l'œil qui servira de boutonnière et on la conduit à l'intérieur de la tresse jusqu'à l'endroit choisi pour avoir la longueur d'utilisation voulue.

3

3 - On sort alors l'aiguille de la tresse pour se retrouver avec deux brins grâce auxquels on confectionne le nœud de sifflet du bosco qui servira de bouton.
L'idéal est de faire en sorte que la taille de l'œil fermé soit plus petite que celle du bouton. Il suffit d'ouvrir un peu l'œil par glissement, faire passer le bouton, avant de refermer l'œil, toujours par glissement.

nœud de Machard

Si l'on doit exercer une traction longitudinale le long d'un cordage tendu ou d'une barre rigide sans possibilité de créer le moindre point de fixation où s'amarrer, on confectionnera un nouage couramment employé par les montagnards, le nœud de Machard. Dans ses deux versions, c'est une des créations les plus récentes et certainement les plus intelligentes pour exercer une traction dans l'axe.

1 - Au départ on se sert d'un erseau, comme le nœud de pêcheur.
On entoure le cordage sur lequel on veut exercer la traction avec l'erseau en double.

2 - La tension exercée par la ganse « A » va bloquer les tours. On peut tirer sur cette ganse, ça ne glissera pas.

2

3 - Si l'on ne dispose pas d'un erseau, plutôt que d'en fabriquer un à tout prix, on utilisera un cordage en simple qui fera aussi bien l'affaire. Il suffit de nouer un œil non coulissant (un nœud de chaise par exemple) à l'extrémité du cordage de traction.
On entoure la partie sur laquelle va s'exercer la traction avec le cordage terminé par le nœud de chaise. Plus on fait de tours, mieux c'est. On passe l'autre extrémité du cordage ou, si ce dernier est trop long, une ganse dans l'œil du nœud de chaise. Désormais on peut tirer, ça ne glissera pas.

nœud de forain

Il peut arriver que l'on soit amené à exercer une traction pour tendre une toile ou un autre élément sans que l'on dispose d'un point de fixation autre que le cordage lui-même. Auparavant, les forains ne connaissaient que ce nœud pour tendre les cordages fins avec lesquels les toiles sont assujetties.

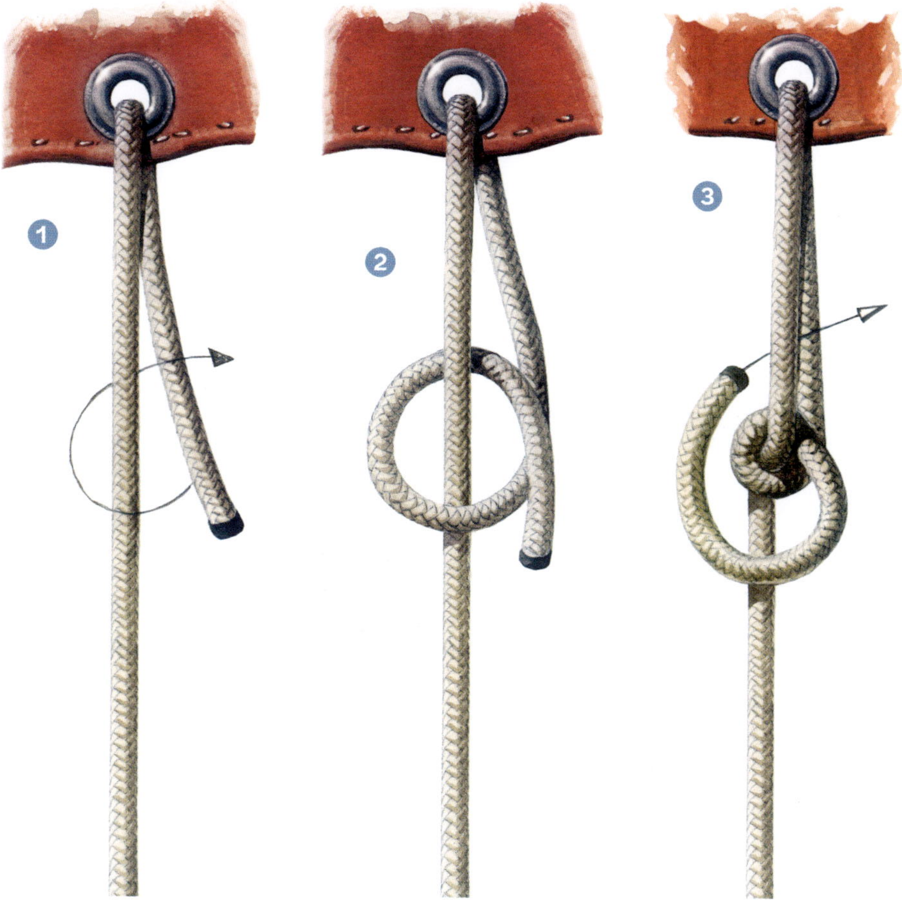

1 et 2 - Le cordage passe dans l'anneau de l'objet à tirer. Sur le retour, on réalise sur le dormant une demi-clef, courant par-dessus.

3 - Après avoir exercé la plus forte traction possible en faisant descendre au maximum la demi-clef le long du dormant, on conduit le courant sous la demi-clef de façon à ce qu'elle commence à venir s'encastrer dans la spire. On la conduit jusqu'en haut. Une fois dans cette position, on tire sur le courant le plus fort possible. Le cordage doit venir se coincer entre les deux brins tout en créant un coude sur la partie basse de l'œil qui va empêcher tout glissement. Il n'y a plus qu'à assurer avec une demi-clef nouée dessous.

surliure longue

À partir d'une certaine longueur, tout en gardant l'efficacité d'un fort serrage, on choisira la surliure longue sans limite de longueur.
À part le nœud capucin, aucune autre surliure ne peut rivaliser en terme de serrage, même la surliure cousue.

1 - On commence par réaliser des tours morts très serrés avec la partie longue du fil à voile, en prenant conjointement l'extrémité du même fil. On continue de façon à couvrir environ la moitié de la longueur finale, puis on pose un épissoir pour la suite du gainage.

1

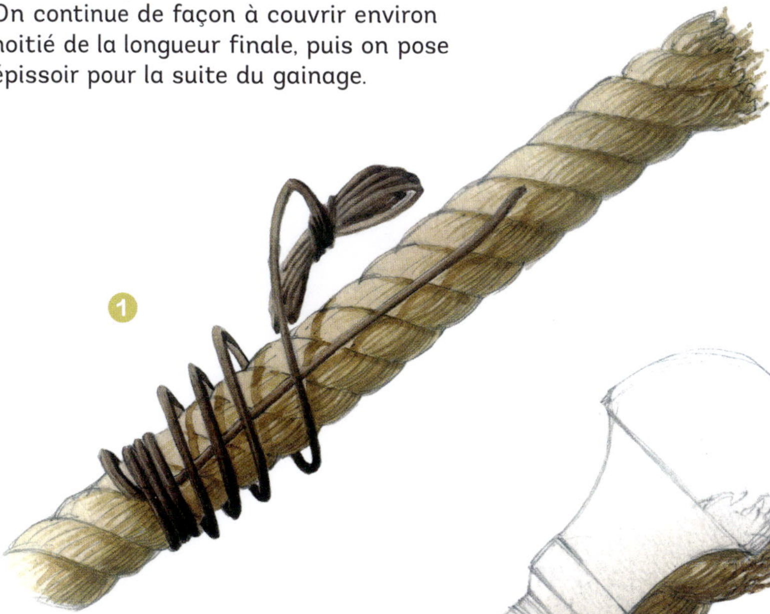

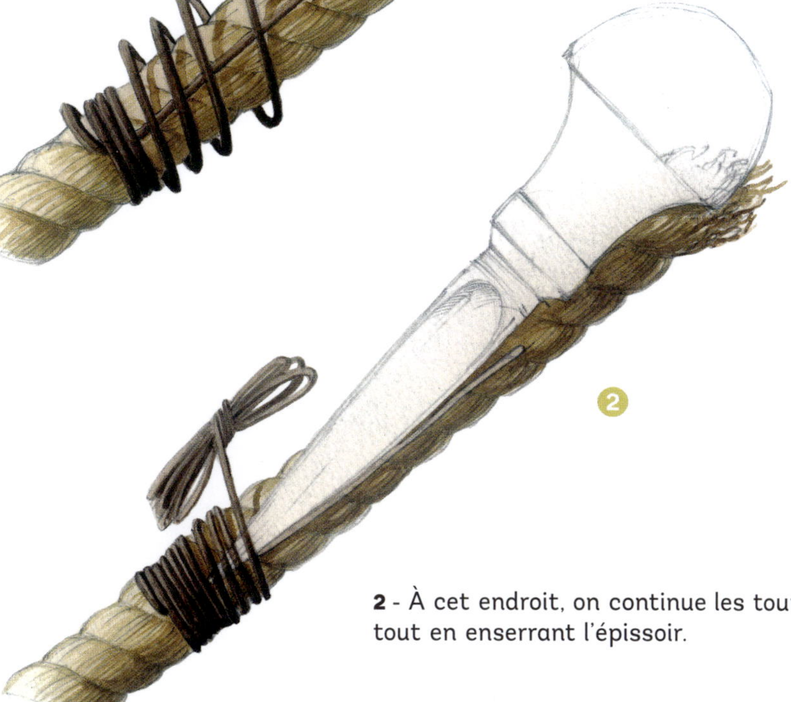

2

2 - À cet endroit, on continue les tours tout en enserrant l'épissoir.

3 - On continue jusqu'à ce qu'on ait couvert toute la partie souhaitée et on coupe le fil en gardant une longueur suffisante pour engager le fil dans l'épissoir qui reviendra en arrière.

3

4 - Une fois le fil en place, on retire l'épissoir et on commence le serrage ganse par ganse à partir du point A, avec la pointe de l'épissoir jusqu'au bout.
Il n'y a plus qu'à tirer, au point G, la partie du fil qui sort maintenant au milieu de la surliure.

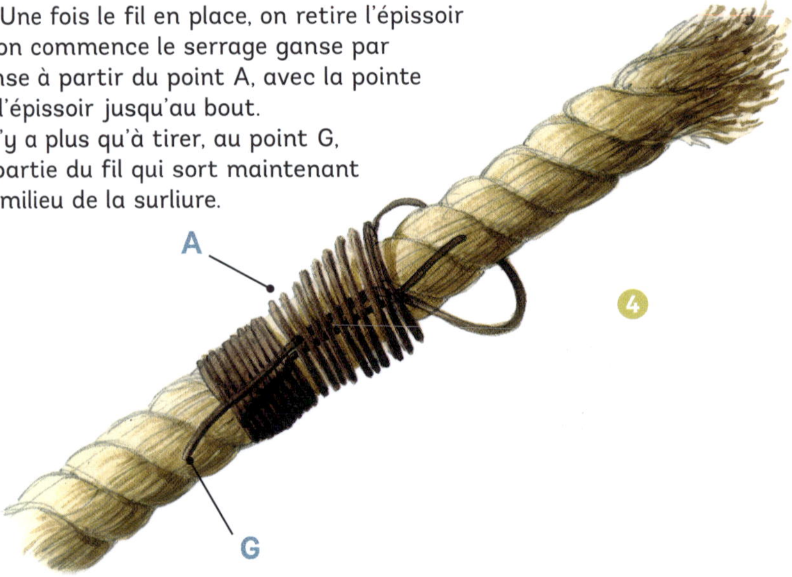

4

5

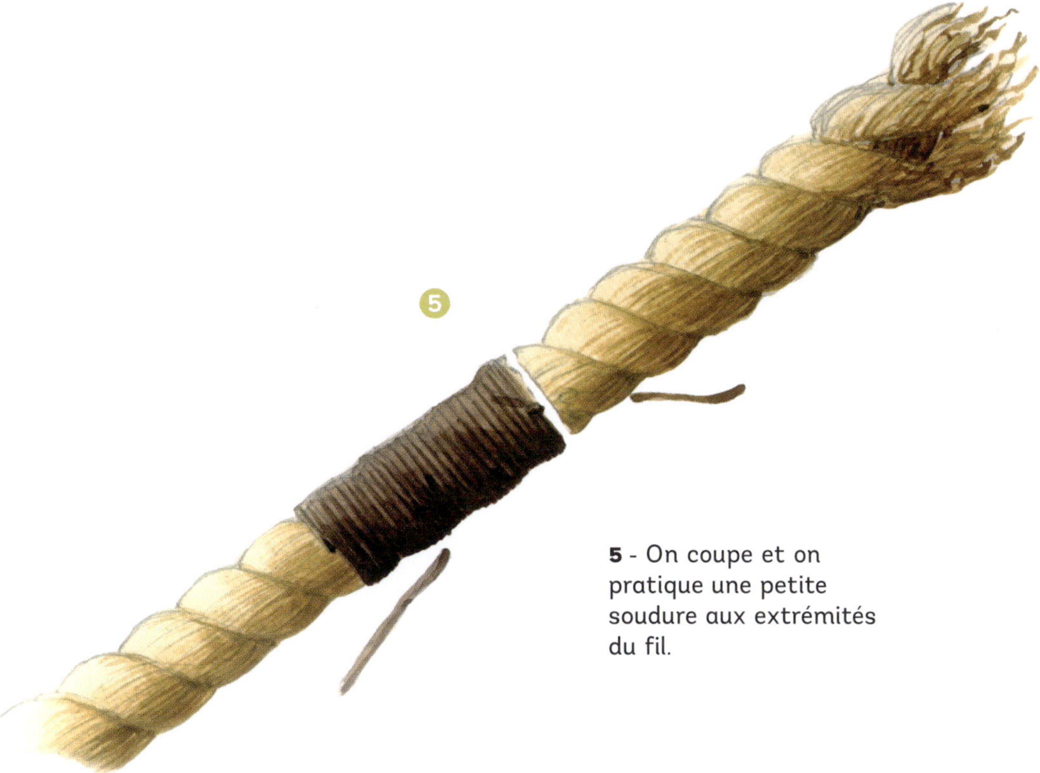

5 - On coupe et on pratique une petite soudure aux extrémités du fil.

surliure avec le nœud capucin

Si l'on veut arrêter l'extrémité d'un cordage rapidement sans faire une surliure longue, on peut utiliser le serrage exceptionnel du nœud capucin. Mais on ne peut pas dépasser sept tours : au-delà, les brins finissent par se chevaucher, ce qui empêche un bon serrage.

1 - On commence par réaliser un demi-nœud avec le fil à surlier, tout en entourant le cordage dont on veut gainer l'extrémité.

2 - On le double en passant deux fois, puis trois et enfin quatre sur l'exemple. On peut aller jusqu'à sept tours.

3 - Après un léger préserrage par petite traction sur les deux extrémités, on saisit la grande ganse en oblique que l'on conduit vers la droite en la positionnant exactement sur le demi-nœud de base qui doit apparaître. Désormais, on va élonger cette même ganse entre les brins sans qu'aucun ne se croise, tout en restant à la gauche des spires. Bien veiller à ce que la ganse s'insère parfaitement entre les brins déjà en place.

4 - Après avoir conduit la grande ganse jusqu'à l'extrême gauche de la construction, on récupère le mou avec une légère traction sur le brin de droite.
On peut maintenant procéder au serrage.
On tire sur les deux extrémités en même temps, puis on appuie ou on tape sur la surliure avec l'épissoir pour que les spires se mettent bien à leur place. On tire enfin du plus fort que l'on peut, au besoin avec une pince pour avoir plus de force. Il n'y a plus maintenant qu'à couper les extrémités, puis à les souder.

nœud des amoureux

Au milieu du XIXe siècle, sur la côte est des États-Unis, quand un marin baleinier fréquentait une jeune fille dont il était amoureux, il lui donnait un nouage particulier qu'elle devait lui rendre. Le message n'était pas le même selon la manière dont elle le lui rendait. S'il était presque défait, le garçon n'avait aucune chance. Si elle le lui rendait tel quel, sans l'avoir serré ni desserré, c'est qu'il était juste un bon copain. En revanche, si elle le lui rendait bien serré, avec les deux petits cœurs entrelacés l'un dans l'autre, c'est qu'elle était « ferrée » et qu'il était temps de mettre un canot à l'eau pour aller publier les bans. Depuis cette époque, on l'appelle le nœud des amoureux.

1 - On commence par un demi-nœud courant par-dessus et dirigé vers le haut.

2 - Le courant descend et remonte dans l'œil du premier demi-nœud pour être conduit par-dessus le brin descendant…

3 - … avant de finir le deuxième demi-nœud dessous, dessus.

croix du marin

À partir du nœud des amoureux, on peut construire un très élégant nœud de capelage au milieu du cordage. On l'appelle la croix du marin. Ce nouage est, avec le triskell, un des symboles des entrelacs celtiques.

1 et 2 - Il suffit d'aller chercher les ganses au milieu du nouage et de les sortir de chaque côté en gardant l'intégrité de la ganse du haut.

lexique

Affalage : action de descendre les voiles le long du mât ou d'un étai.

Ajut : nœud servant à réunir momentanément deux bouts.

Balestron de flèche : pièce de bois parallèle au pic sur un gréement aurique.

Bordés : longues planches de bois qui recouvrent la coque d'un bateau.

Bosco : maître de manœuvres et responsable du gréement dans l'ancienne marine.

Calfater une coque : combler l'espace entre les bordés avec du calfat pour rendre étanche la coque.

Caps de mouton : pièces de bois circulaires percées de trois trous pour tendre les rides des haubans.

Capeler : entourer un support avec un cordage.

Chalands : bateaux de transport de matériaux qu'on tirait sur les chemins de halage.

Chicote : extrémité du courant qui dépasse le nœud.

Courant : extrémité du bout qui sert à réaliser le nœud.

Dormant : partie du bout supposée fixe ; en partant de l'endroit qu'on a choisi pour réaliser un nœud, c'est la partie en deçà. Le dormant n'agit pas, il est passif.

Drisses : cordages qui permettent de hisser les voiles.

Écoutes : cordages qui permettent de régler la tension des voiles.

Épissoir : outil incontournable pour réaliser tous les travaux de matelotage, car il permet d'ouvrir un cordage pour pouvoir passer un autre brin.

Épissure : assemblage de deux cordages par entrelacement des torons.

Erseau : anneau de cordage fermé par une épissure ou par un nœud d'ajut.

Espar : pièce de bois qui compose le gréement.

Étarquer : exercer la plus forte tension possible sur un cordage ou une manœuvre.

Filoir : permet de guider les cordages.

Foc : voile d'avant.

Gabiers : marins qui, dans l'ancienne marine, grimpaient dans la mâture.

Garcette : cordage de petit diamètre, entre 2 et 5 mm.

Gréement : ensemble des cordages métalliques et textiles qui participent à l'équipement d'un voilier.

Haubans : cordages métalliques qui tiennent les mâts.

Manœuvres : ensemble des cordages sur un bateau.

Orin : cordage de gros diamètre généralement utilisé pour prolonger la chaîne d'une ancre.

Palan : composé de plusieurs poulies et d'un cordage, il permet de démultiplier la force des bras pour serrer très fort, c'est-à-dire étarquer.

Réa : disque évidé sur la tranche à l'intérieur des poulies sur lequel vont passer les cordages installés dans la construction d'un palan.

Ride : cordage qui passe dans les trous des caps de mouton pour tendre et étarquer les haubans et les étais. La ride est l'ancêtre du ridoir.

Souqué : on dit d'un cordage qu'il est bien souqué quand il est très tendu.

Spires : dans un nouage, les spires sont les tours faits autour de la main ou d'un support.

Taquets : pièces de bois ou de métal autour desquelles on amarre les cordages.

les auteurs

Jean-Benoît Héron vient d'une famille d'éditeurs et d'illustrateurs. Ingénieur de formation, il s'est lancé dans l'illustration en 1995. Il s'est spécialisé dans le dessin d'architecture, qu'elle soit navale ou terrestre : vues en éclaté de monuments, reconstitutions, phares, bateaux... Il travaille régulièrement pour le musée national de la Marine, Monte-Carlo SBM, le chantier médiéval de Guédelon ou pour le Centre des monuments nationaux ainsi que divers grands éditeurs de presse. Jean-Benoît Héron est déjà l'auteur aux éditions Glénat de *Ces bateaux qui ont découvert le monde* (2013) et l'illustrateur de *Histoire(s) de phares* (2015).

C'est en observant un vieux bosco de la marine réaliser les nœuds et les épissures sur le gréement de son premier bateau, un petit côtre de la rade de Brest, que **Patrick Moreau** s'est pris de passion pour les nœuds et les nouages. Après divers métiers, il a attendu d'avoir cinquante ans pour « s'exprimer sérieusement », c'est-à-dire faire des nœuds, d'abord sur les gréements des voiliers, puis en créant des animations autour des nouages. À la demande de la revue *Voiles et voiliers*, il a réalisé un premier livre d'initiation, suivi de deux autres, ainsi que deux vidéos. Aujourd'hui, Patrick Moreau, surnommé « docteur la ficelle », intervient sur les voiliers classiques et organise des stages. Il a beaucoup œuvré pour mettre au point une pédagogie spécifique à l'enseignement de l'art des nœuds.